Beer

Kleiner Mann – Kleine Frau

eltern Ziele

Ulrich Beer

Kleiner Mann – Kleine Frau

Geschlechtserziehung in der Familie

Herder Freiburg · Basel · Wien

*Fotos: Lothar Nahler, Wiesbaden, S. 8, 44, 45, 58 –
pbp Poss, Siegsdorf, S. 16, 23, 33, 49, 53 –
Toni Schneiders, Lindau, S. 41.
Textillustrationen: Willy Kretzer, Freiburg i. Br.
Einbandgestaltung: Michael Ryba, Freiburg i. Br.*

*Herstellung: Freiburger Graphische Betriebe 1980
ISBN 3-451-18080-4*

Inhalt

1

Von Liebe, Last und Lust

„Du, Mami? Vati weiß bestimmt nicht, daß das Schwesterchen in deinem Bauch wächst. Dann brauchen wir es ihm doch auch nicht zu sagen. Nur wir beide wissen es, nicht?"

Gerührt und erstaunt blickte die junge Mutter auf ihr Kind. Gerührt, weil die fünfjährige Karin sichtlich stolz war, mit der Mutter ein „Geheimnis" zu teilen, und erstaunt, weil sie geglaubt hatte, ihrem Kind doch längst „alles Nötige" gesagt und es über die Zusammenhänge ihrer Schwangerschaft „aufgeklärt" zu haben.

Wie viele Eltern hatte auch diese junge Mutter übersehen, daß eine einmalige Aufklärung nie und nimmer genügt. Erst wenn die sachgemäße Information wiederholt angeboten wurde, kann das Kind sie zu seinem Besitz werden lassen. Das bedeutet für die Eltern, daß sie immer wieder die sich bietenden Gelegenheiten zu geschlechtlichem Geleit, und nur darum kann es sich handeln, ergreifen müssen, daß sie keine noch so leise Andeutung des Kindes außer acht lassen dürfen und ihre Antworten so deutlich und verständlich wie möglich fassen müssen.

Gerade das fällt vielen Eltern schwer, und sie weichen diesen Situationen aus oder überspielen sie mit oberflächlichen, halben Informationen, weil sie

selbst – aufgrund ihrer eigenen Erziehung – gehemmt sind und das Thema Sexualität für sie mit einem Tabu belastet ist. In einer Zeit, in der die Sexualität Thema eins ist, kann man aber in der Erziehung der Kinder nicht mehr so tun, als ob es sie nicht gäbe. Man kann sie nicht einfach ausklammern und darauf hoffen, daß sich ihre Probleme von selbst erledigen, wenn nur die Erziehung außerhalb dieser Klammern in Ordnung sei. Die verfrühte Sexualreife und die Sexualisierung der Öffentlichkeit fordern eine verantwortliche Erziehung zur Liebe. Film, Fernsehen, Presse und Literatur sind heute übervoll von Sex, während gleichzeitig Eltern ihre Kinder wie geschlechtlose Wesen behandeln. Über 80 Prozent der Eltern geben – einer Umfrage zufolge – ihren Kindern keine geschlechtliche Erziehung für das Leben mit, bereiten sie nicht für die Liebe vor. Im Gegenteil: Sie fixieren ihre Kinder unbewußt auf ein negatives Verständnis für die Sexualität.

Schon wenn die Mutter ihr Kind nackt vor sich auf dem Wickeltisch liegen hat, ihm Ärmchen und Beinchen wäscht, dazu singt und plaudert und es in die Wohllaute mütterlicher Zuwendung einlullt, kann diese negative Fixierung ihren Anfang nehmen. Das sprudelnde Geplauder der Mutter – „und jetzt waschen wir das liebe kleine Händchen... und nun kommt das Öhrchen... jetzt das dicke, süße Bäuchlein" – verstummt plötzlich. Beklemmende Stille – die Mutter ist bei den Geschlechtsteilen, und das Kind bekommt das erste Alarmzeichen: Hoppla, Gefahrenzone eins!

Oder die Eltern vermeiden es peinlich, sich vor ihren Kindern nackt zu zeigen. Sie verstecken sich im Badezimmer und schließen sich ein, anstatt mit den Kleinen zusammen in der Wanne zu plätschern und sie ganz selbstverständlich erleben zu lassen, wie auch sie einmal sein oder auch nicht sein werden, wenn sie erwachsen sind. Oder die Mutter blickt entsetzt, wenn das Kind in seinen Zeichnungen an einem Mann das dazugehörige kleine Männchen nicht ausläßt. In solchen scheinbaren Kleinigkeiten kann sich das tief sitzende sexuelle Tabu ausdrücken und völlig unbewußt übertragen.

Gerade Eheleute und Eltern scheinen mit diesem Tabu behaftet zu sein. Viele Generationen haben es so gelernt: Die Lust zu leben ist in der Jugend zu Haus. Mit der Heirat beginnt der Ernst des Lebens. „Einer trage des anderen Last ..." – das dürfte immer noch der häufigste Trauspruch sein. Als wäre es auf ewig ausgemacht, daß die Ehe vor allem eine schwere Last sei und eine saure Pflicht.

Lust und Freude führen in der Ehe auch heute noch allzuoft ein Schattendasein. Das hat sich seit dem Mittelalter erhalten, als es verpönt war, seinen Ehepartner sinnlich zu lieben. Man hielt die Lust in Liebesdingen für unanständig und behielt sie sich für die Konkubinen und Mätressen vor. Die ehrbare Hausfrau hatte der Lust zu entsagen. Wir besitzen das Zeugnis eines reichen Kaufherrn, der sich ernstlich Skrupel machte, weil er in seine Frau leidenschaftlich verliebt war, „obwohl dies unstatthaft ist". Nur der Zweck der Zeugung und Kinderaufzucht, im besten Falle der gegenseitigen Fürsorge legitimierte die Ehe.

In der katholischen Kirche wurde erstmals durch das II. Vatikanische Konzil als Ehezweck neben der Kinderzeugung auch die Liebe der Ehegatten genannt, ohne damit eine Rangordnung zu verbinden.

Neben Kinderzeugung und gegenseitiger Liebe kommt der Ehe die Funktion der Kanalisierung der Geschlechtlichkeit zu. So definiert der Philosoph Kant (1724–1804) die Ehe als einen „Vertrag zum gegenseitigen lebenswierigen Gebrauch der Geschlechtsorgane". Und das Bürgerliche Gesetzbuch bestimmt in § 1353: „... Die Ehegatten sind einander zur ehelichen Lebensgemeinschaft verpflichtet."

So blieb es oft nicht aus, daß selbst die Lust noch in eine Pflicht, in eine Last umgemünzt wurde und wird, wohinter mehr als nur ein Druckfehlerteufel steckt. Diese gesetzlich geschützte Kalenderliebe („in der Woche zwier ..."), diese pflichtgemäße Verwendung des Ehebettes trennt auf die Dauer die Gatten mehr, als sie sie verbindet. Pflicht, Gewohnheit, starre Regelmäßigkeit und das gegen den Partner ausgespielte Recht können die Liebe töten. Die Lyrikerin Ilona Bodden sagt das sehr schön: „Wird dir Liebe zuteil, betrachte sie bitte nicht als Selbstverständlichkeit. Bedenke, daß du sie nicht fordern kannst, sondern daß sie, wie dein Leben, ein Geschenk ist, das dir in jeder beliebigen Stunde wieder genommen werden kannst. Hast du sie, sei dankbar dafür und tue alles, was in deinen Kräften steht, zu ihrer Erhaltung. Sie kann wachsen, abnehmen und vergehen, du kannst sie nicht durch Paragraphen regeln ..."

Trotz aller Sexualisierung kümmert das erotische und sexuelle Glück in so mancher Ehe dahin, weil die Menschen Sexualität falsch verstehen und meinen, das Glück komme auf Kommando. Oder weil sie die sexuelle Beziehung überhaupt als eine im Grunde unreine, wenn nicht sündige Angelegenheit ansehen. In einer UNESCO-Befragung antworteten auf die Frage, ob sie ihre Ehe für glücklich halten, nur 19 Prozent der Frauen mit Ja, im Gegensatz zu 70 Prozent der Männer. Ist nicht die Ursache häufig nur das, was man gemeinhin Scham nennt?

In der Eheberatung sind wir immer wieder überrascht, wie viele Paare seit Jahren zusammen leben, die sich über den Intimbereich ihrer Beziehung, über ihre wesentlichen Gefühle im innigen Kontakt mit dem Partner noch nie ausgetauscht und ausgesprochen haben. Häufig stellt sich heraus, daß sie sich voreinander schämen. Der Kirchenlehrer Augustinus sagt mit Recht: „Je größer die Liebe ist, desto mehr verliert die Scham ihren Platz." Liebe nämlich birgt in sich Vertrauen, schenkt Geborgenheit, greift die Würde der Person nicht an. Das, was wir häufig als Scham empfohlen bekommen, ist im Grunde Mißtrauen. Sicher ist auch in unserer Welt Mißtrauen nötig, aber dann sollte man es auch so nennen. Es kann sich zum Beispiel auch in der Furcht äußern, vom anderen nackt gesehen und damit entwürdigt zu werden. Es richtet sich gegen die eigene Geschlechtlichkeit, gegen den Partner und nicht zuletzt auch gegen die Kinder. Unter dem Siegel dieses Mißtrauens wird die volle, rückhaltlose und sich ganz anvertrauende Hingabe dann oft genug unmöglich und scheitert die letzte Erfüllung und die höchste Freude, die der Mensch in der ehelichen Gemeinsamkeit erfahren kann und soll.

In der Eheberatung, in Selbsterfahrungsgruppen oder auch ganz einfach im Gespräch miteinander müssen viele Eltern heute lernen, ihre wesentlichen Gefühle, Gedanken und Empfindungen dem anderen mitzuteilen. Auch und gerade solche Wünsche,

die mit ihrer eigenen Geschlechtlichkeit zusammenhängen. Nur wer seine eigene Geschlechtlichkeit bejaht, kann „das Kind stufenweise in die ganze Wahrheit über seine Geschlechtlichkeit und deren Lebensbedeutung" einführen, wie es in einer katholischen Schrift heißt. „Die Geschlechtlichkeit hilft dem Menschen, über sich selbst hinauszugehen und liebes- und partnerschaftsfähig zu werden. Dies beginnt am besten in einer glücklichen Familie, im Umgang mit Eltern und Geschwistern, und setzt sich fort in der täglichen Begegnung von Mädchen und Jungen in der Schule, in der Arbeitswelt und Freizeit, in kirchlichen und anderen Jugendgemeinschaften. Der junge Mensch muß lernen, Menschen anderen Geschlechts fair zu begegnen, ohne sie sexuell herauszufordern. Es ist notwendig, daß er die Eigenart des anderen Geschlechts kennenlernt, damit er allmählich auch zu einer überlegten Partnerwahl für seine zukünftige Ehe kommt..." Dieser Erziehungsaufgabe können Eltern um so eher gerecht werden, je größer ihr Wissen um diese Zusammenhänge und je aufmerksamer ihr Gespür ist für die jeweilige Entwicklungsstufe des Kindes.

2

Vom Schweigen und anderen Unverzeihlichkeiten

In den Kindern von heute ist das Bedürfnis nach sexuellem Wissen früher wach als in vorherigen Generationen. Die „geheimen Miterzieher" Presse, Rundfunk, Fernsehen, Schlager, Werbung schüren ihre Neugier. Kinder und Jugendliche verlangen nach sexueller Information, und sie haben ein Recht darauf. Viele Eltern sähen am liebsten, wenn ihnen irgendwer – der Lehrer, ein Arzt, ein Psychologe oder der Pfarrer – diese, wie sie meinen, „peinliche Angelegenheit" abnähme. Gerade den eigenen Kindern gegenüber fällt ihnen eine distanzierte Sachlichkeit auch deshalb besonders schwer, weil die Behandlung der sexuellen Problematik immer zugleich Vorgänge berührt, denen die Kinder ihre Existenz verdanken. Verständlich, daß die Eltern schweigen, besonders wenn sie es schon zu lange taten. Verständlich, aber nicht verzeihlich. Schließlich ist nicht zu übersehen, daß sich heute ein Kind, ein Jugendlicher an jedem Kiosk, in jedem Schreibwarenladen sexuelle Aufklärungsliteratur für ein Taschengeld kaufen kann.

Wenn Eltern, weil ihr Kind ihnen entwachsen ist, nicht mehr den Mut zu Gesprächen darüber mit ihm aufbringen, sollten sie wenigstens gute Aufklärungsliteratur kaufen, sie vorher selbst lesen und sie dann dem Kind in die Hand geben, vielleicht mit dem Hinweis: „Du, ich habe da ein Buch gekauft, das dich sicherlich auch interessiert. Wenn du willst, kannst du gern einmal hineinschauen. Ich habe es auch schon gelesen. Wir können uns ja anschließend vielleicht darüber unterhalten."

Dabei muß das Kind das Angebot heraushören und die Freiheit haben, davon Gebrauch zu machen. Es darf nicht von nun an zu seiner Pflicht gehören, Aufklärungsliteratur zu studieren. Vielleicht kommt so das verstummte oder nie begonnene Gespräch mit dem Kind über seine Geschlechtlichkeit in Gang. Übrigens ist die Meinung, die Geschlechtlichkeit sei zu verachten und zu unterdrücken, auch mit der Aussage der Bibel unvereinbar. Denn im Schöpfungsbericht heißt es: „Gott schuf also den Menschen als sein Abbild; als Abbild Gottes schuf er ihn. Als Mann und Frau schuf er sie" (Gen. 1,27). Hier steht die Aussage über die Gottesebenbildlichkeit des Menschen unmittelbar neben der über seine geschlechtliche Verschiedenheit. Es gibt nicht den Menschen als solchen, es gibt ihn nur als Junge oder Mädchen, Mann oder Frau.

Kindern, die unter Geschwistern aufwachsen, wird diese Verschiedenheit meist früher bewußt als Einzelkindern. Immer jedoch ist die Aufklärung am einfachsten, wenn Eltern sie vom ersten Lebenstag an als Aufgabe sehen und übernehmen und ihren kleinen Buben oder ihr kleines Mädchen nicht als geschlechtloses Wesen behandeln. Erhält das Kind stets offene, seinem geistigen Aufnahmevermögen angepaßte Antworten, so wird es weiterfragen, sein Wissen durch Wiederholung und Ergänzung zu vertiefen suchen.

Viele Eltern meinen, ihr Kind sei aber doch noch gar nicht reif für diese Fragen. Damit erliegen sie einem gefährlichen Irrtum. Denn ein Kind stellt die

Frage etwa nach seiner Entstehung nicht nur einfach so oder vielleicht, um die Eltern in Verlegenheit zu bringen, sondern weil es brennend an der Antwort interessiert ist.

Das entscheidende beim geschlechtlichen Geleit ist die Bereitschaft der Eltern, jederzeit mit ihren Kindern zu reden und ihnen nichts zu verheimlichen. Die

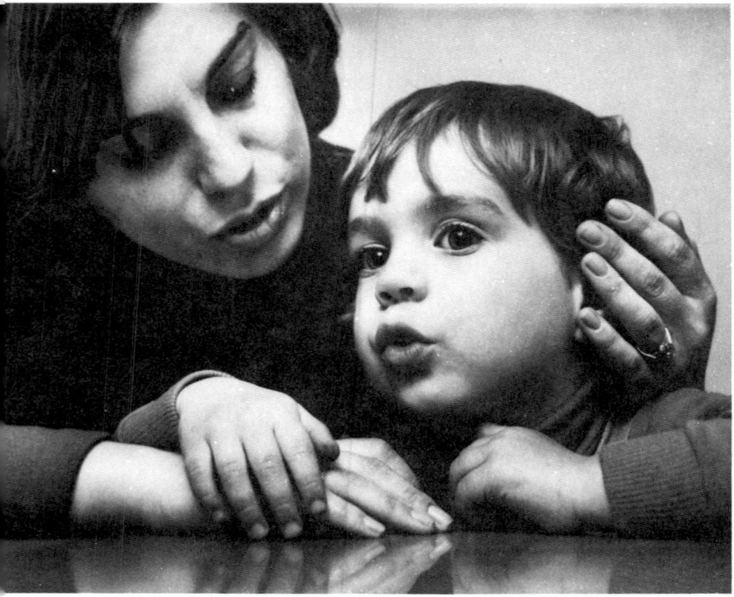

Fragen sind, wann immer sie auftauchen, vollständig und wahrheitsgemäß zu beantworten. Außer man sitzt gerade in einer übervollen Straßenbahn; dann wird man sein Kind einmal vertrösten dürfen auf nachher. Sofern es nicht schon böse Erfahrungen gemacht hat mit diesem Nachher – das es dann doch nicht gab –, wird es sich auch zufriedengeben. Eltern müssen dann die nächste Gelegenheit benutzen, um das Versäumte nachzuholen.

Tricks und Patentrezepte für die Geschlechtserziehung gibt es jedenfalls nicht, sondern allenfalls einige wenige für alle Entwicklungsphasen gültige Regeln:

- Auf jede Frage, die das Kind stellt, muß geantwortet werden. Das Kind hat ein Recht zu fragen und das Recht, eine Antwort zu bekommen.
- Wenn Eltern auf Fragen keine Antwort wissen, sollten sie sich informieren, um antworten zu können, und das Kind auf keinen Fall auf unbestimmte Zeit vertrösten.
- Die Antworten sollten dem Entwicklungsstand des Kindes oder Jugendlichen angemessen sein. Fragen wie: „Hast du das verstanden?", nutzen wenig; besser ist es, dem Heranwachsenden Gelegenheit zu geben, das Erläuterte mit eigenen Worten zu wiederholen. An der Wiedergabe hört man, ob das eben Erläuterte richtig aufgenommen wurde.
- Jede Antwort muß der Wahrheit entsprechen, so daß man später nichts mehr zurückzunehmen braucht. Die Eltern müssen jederzeit auf den zuvor gegebenen Informationen aufbauen können, um das Kind weiterzuführen.
- Die Antworten sollen einfach und klar sein und nie mehr enthalten, als das Kind in seinem Alter verstehen kann. Aber sie sollen auch keine ungeklärten Reste bestehen lassen.

Solche ungeklärten Reste sind deshalb gefährlich, weil das Kind sie dann auf andere Weise zu klären suchen wird. Es wird neugierig nach weiteren Informationen fahnden über ein Gebiet, das offenbar so geheimnisumwittert ist, das die Erwachsenen so verlegen macht, daß sie ihm Wesentliches verschweigen.

So gerät es an Schriften, die unter der Hand weitergereicht werden. An Spielkameraden, die ihm die angeblichen „Schweinereien" genüßlich erklären oder sogar zeigen und sein bisheriges Wissen lächerlich machen. Damit bekommt das Vertrauen des Kindes zu den Eltern einen Bruch. Und das ist schlimm, weil die gesamte Eltern-Kind-Beziehung davon überschattet werden kann.

Deshalb ist es wichtig, daß Eltern ihren Kindern schon im frühesten Alter die nötigen Hinweise und Hilfen selbst geben. Die Grundtatsache seines Menschseins muß das Kind von seinen Eltern erfahren! Ein Kind, das ganz selbstverständlich von klein auf alle seine Fragen nach Menschsein und Menschwerdung von Mutter und Vater beantwortet bekam, hat gegenüber den hämischen Halbinformationen der Straße eine kaum zu erschütternde Überlegenheit. Ein Kind, das mehr weiß, ist weniger gefährdet.

Wenn die Eltern sich einmal dazu entschlossen und eigene Hemmungen überwunden haben, wenn sie ihre eigene Geschlechtlichkeit und Rolle bejahen, sind die Erklärungen und vor allem die Einzelheiten, nach denen das Kind fragen wird, gar nicht mehr so schwierig, weil das Kind sie nämlich ganz selbstverständlich aufnimmt. Und wenn Vater oder Mutter einmal etwas selbst nicht wissen oder nicht erklären können, so macht das gar nichts. Kinder erwarten von den Eltern keine gelehrten Vorträge und auch nicht, daß sie allwissend sind. Unwissenheit dürfen Eltern getrost zugeben. Anschließend können sie sich informieren und dem Kind beim nächstenmal Auskunft geben. Wer dieses Dauergespräch mit seinen Kindern beizeiten eröffnet, dessen Sprache wächst im übrigen ganz von selber mit dem Älterwerden der Kinder in den jeder Phase angemessenen Ton und Inhalt hinein.

3

Vom Fragen und richtigen Antworten

Die ersten geschlechtlichen Fragen stellt das Kind im dritten bis vierten Lebensjahr. Die bevorstehende Geburt eines Geschwisters sollte für jede Mutter ein willkommener Anlaß sein, ihr Kind in das Thema einzuführen. Ist das Kind noch zu klein, um auf wechselnde Stimmungen und wechselndes Wohlbefinden der Mutter schon Rücksicht nehmen zu können, braucht sie es zwar nicht sofort ins Vertrauen zu ziehen, aber spätestens wenn sie die ersten Bewegungen spürt und ihr Leib sich zu runden beginnt, sollte das Kind von dem bevorstehenden Ereignis erfahren. Nicht nur, damit es rechtzeitig vorbereitet ist, wenn es plötzlich die Liebe der Eltern mit einem anderen Kind teilen muß, sondern auch und vor allem, damit es an der Freude der Eltern teilhaben kann. Es würde ja ohnedies sehr bald die Veränderungen an der Mutter, nämlich den dicker werdenden Bauch, wahrnehmen und nach der Ursache fragen. Besser ist es, ihm zuvorzukommen.

Dabei sollten die geschlechtlichen Zonen und Vorgänge von Anfang an mit ihrem sachlichen und selbstverständlichen Namen genannt werden. Erst mit dem Namen bekommt das Kind die Möglichkeit, die Dinge, die damit benannt sind, zu beherrschen. Erst durch die Sprache nimmt der Mensch die Welt in Besitz. Wehe, wenn das Kind im Laufe seiner Entwicklung feststellt, daß die Namen, die die Eltern seinem Geschlecht gaben, in Wahrheit Verschleierungen und Täuschungen sind! Das Vertrauen des Kindes wäre vielleicht für immer dahin. Auch die Heilige Schrift kennt keine Prüderie, sondern redet offen und unbefangen von geschlechtlichen Vorgängen.

Nun sind Namen wie Schamlippen, Scheide, Gebärmutter, Glied, Hoden oder Vorhaut Bezeichnungen, die nicht eben viel an Liebe und Ehrfurcht enthalten, geschweige denn Poesie. Aber sind die landesüblichen Ausdrücke – kleiner Po, Nestchen, Männle, Zipfelchen – wirklich besser? Von den Ausdrücken übelsten Jargons oder deftigsten Volksmunds gar nicht zu reden. Auch nicht von den ebenso vornehmen wie ängstlichen lateinischen Namen wie Vulva, Vagina, Penis usw. Auch die von einigen Sexualpädagogen vorgeschlagenen Bezeichnungen wie Mutteröffnung, Eilein, Röhrchen, die sich meistens mit niedlichen Vergleichen der Befruchtung von Apfel- und Haselnußblüten traulich vereinen, taugen nicht viel, weil sie ungenau und unsachlich sind.

Kann sich nicht größere Liebe und Ehrfurcht, welche die Geschlechtserziehung und ihre Methoden freilich leiten müssen, in einer offenen Sachlichkeit äußern? „Wir sollten uns nicht schämen, das beim Namen zu nennen, was Gott sich nicht geschämt hat zu erschaffen", sagt Clemens von Alexandrien, der Kirchenvater.

Welche verhängnisvollen Folgen die Verschleierung von Tatsachen haben kann, zeigt sich oft schon wenig später: Ein kleines Mädchen erhielt auf die Frage nach dem Grund der so schnell dicker werdenden Mutter die Antwort: „Weil Mutter jetzt immer so großen Hunger hat und so viel ißt." Es dauerte nicht einmal bis zur Geburt des Geschwisters, da hatte das Mädchen den wahren Sachverhalt von einer älteren Freundin erfahren. Nun verachtete es sowohl die Mutter als auch den Vater, die ihr Informationen vorenthalten hatten, die fremden Kindern zugänglich waren. Und das Geschwisterchen, um dessentwillen die Eltern es angelogen hatte, mochte es auch nicht.

Dabei ist es gar nicht so schwierig, das Kind an dem Wunder der Menschwerdung teilhaben zu lassen, und viele Mütter tun auch instinktiv das Richtige. Sie können ihm zum Beispiel erlauben, sein Händchen – etwa morgens im Bett – auf ihren Bauch zu legen, und es die Bewegungen der Ungeborenen spüren lassen. Vielleicht erklären sie ihm dazu, daß da im Bauch der Mutter, vor Stoß und Lärm geborgen, ein ganz kleines, winziges Kindlein heranwachse, bis es groß und kräftig genug ist, unsere harte, helle und laute Welt zu ertragen.

Die Mutter sollte bei einer solchen Gelegenheit nicht versäumen, darauf hinzuweisen, daß das Kind selbst auch einmal so in seiner Mutter gelebt habe, daß sich die Eltern damals genauso gefreut hätten wie jetzt und vor allem auch, daß sie froh sind, nun wenigstens schon ein großes, verständiges Kind zu haben, das auch schon so tüchtig helfen könne, und daß sie keinen Augenblick auf es verzichten möchten. Denn obwohl die Eltern ihre Freude über das neu ankommende Kind nicht verbergen sollen, darf das ältere Kind nicht den Eindruck bekommen, als sei es jetzt Nebensache, sonst werden sich große Schwierigkeiten daraus ergeben.

Wenn das Kind erfahren hat, wo es heranwuchs, ehe es geboren wurde, wird es natürlich auch bald wissen wollen, wie es dann da herauskam. Die Mutter wird ihrem Kind dann etwa sagen:

Die Babys kommen zwischen den Beinen der Mutter heraus. Die Öffnung heißt Scheide. Die Öffnung dehnt sich, wenn es an der Zeit ist, also nach neun Monaten, immer weiter und weiter aus, bis das Köpfchen des Kindes hindurchpaßt. Dann kommt es mit dem Kopf zuerst zur Welt.

Die meisten Eltern wundern sich in solchen Augenblicken, wie sachlich Kinder sind. Sie können ihm dann noch erklären, wie wichtig der erste Schrei des Babys ist, und daß alle Kinder, wenn sie ihn nicht allein tun, einen leichten Klaps auf den Po bekommen, damit sie vor Schreck anfangen zu atmen, denn sonst müßten sie ja sterben.

Vielleicht fragt das Kind nun oder einige Zeit später, ob denn das Hinausschlüpfen nicht weh tue. Manche Pädagogen meinen, es sei besser, den Kindern nichts von den Wehen und Schmerzen zu erzählen, vor allem nicht den kleinen Mädchen. Wenn Eltern sich aber vorgenommen haben, ihren Kindern nichts zu verschweigen und in allem immer die ganze Wahrheit zu sagen, dürfen sie ihnen auch wahrheitsgemäß sagen, daß die Wehen ein paar Stunden vor der Geburt schon recht schmerzhaft seien, noch ein bißchen mehr, als wenn man einmal ganz arg Bauchweh hat. Und daß auch die Minuten vor der Geburt nicht die angenehmsten seien, daß aber aller Schmerz wie weggeblasen sei in dem Augenblick, da die Mutter ihr Baby zum erstenmal sehen kann und es in den Armen hält. Und daß die Mutter ganz gern und immer wieder diese Schmerzen erträgt, wenn sie dafür so ein liebes Bübchen oder Töchterchen haben kann, wie es selbst sei.

Die nächste Frage – ob sofort oder erst ein halbes Jahr später, ist gleichgültig – lautet todsicher: „Wie kommen die Kinder in den Bauch der Mutter denn hinein?"

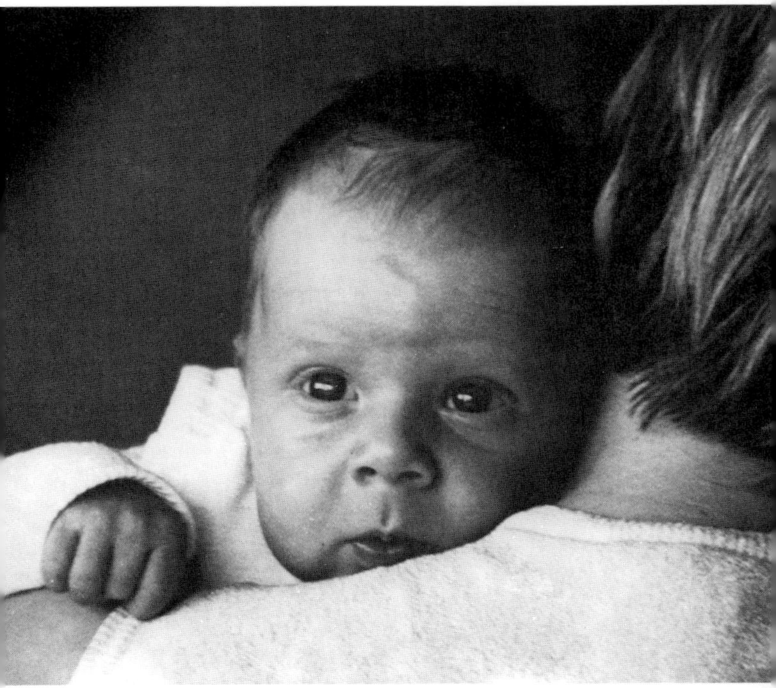

Dazu erzählt man sich die hübsche Geschichte von dem kleinen Jungen, der sich unbemerkt in das Zimmer geschlichen hatte in dem Augenblick, da sein Brüderchen geboren wurde. Als er sah, wie der Arzt dem Neugeborenen einen kleinen Klaps versetzte und hörte, wie sein neues Geschwisterchen darauf laut und vernehmlich zu schreien begann, sagte er nur ungerührt: „Hat er ja selbst schuld, warum kriecht er da hinein!"

Die Frage nach dem Hinein ist für die Eltern allerdings meist peinlicher, weil sie nicht nur die natürlichen Wachstums- und Reifungsvorgänge berührt, sondern auch die Praxis des ehelichen Verkehrs. Aber warum sollten Eltern ihrem Kind nicht sagen:

Wenn Vater und Mutter sich liebhaben und einander ganz nahe sein wollen, dann besucht der Vater die Mutter mit seinem Glied ganz innen, genau dort, wo auch das Kind schon gewesen ist, ehe es geboren wurde, und auf dem gleichen Weg, den das Kind genommen hat, als es geboren wurde, nämlich durch die Scheide. Und dabei, wenn die Eltern es wollen, wird der Samen des Vaters in die Scheide der Mutter gelegt. Dann wandert der Same durch den Scheidentunnel in eine Kammer im Mutterleib. Dort in der Kammer wartet schon das Ei. Ein Samenfaden des Vaters verschmilzt mit diesem Ei, und das ist der Anfang zu einem neuen Leben.

Als besonders „heikle" Aufgabe sehen Eltern es oft an, über die Lustgefühle zu sprechen, die den Liebesakt begleiten. Denn auch danach fragen Kinder irgendwann. Mit aller Behutsamkeit kann man dem Kinde im Laufe der Erklärungen, die man ihm gibt, auch davon erzählen, daß Leib und Seele Lust empfinden, wenn zwei Menschen sich sehr lieben. Daß die Eltern im Augenblick des Vereinigungsaktes, wenn der Vater der Mutter seinen Samen schenkt, seelische und körperliche Freuden erleben, das sei – nur in viel stärkerem Maße – eine ähnliche Empfindung, wie wenn die Mutter ihr Kind etwa auf dem Rücken kraule, ihm einen Kuß gebe oder es ganz fest in die Arme nehme.

Wird den Kindern die Realität vorenthalten, setzen sich die abenteuerlichsten Vorstellungen in ihnen fest, die Ängste und Beklemmungen zur Folge haben können, vor allem aber auch Mißtrauen den Eltern gegenüber.

In dieser Zeit erforscht jedes Kind seinen eigenen Körper. Später teilt es sein Wissen auch mit seinen Spielgefährten. Und irgendwann will es seine Erkenntnisse auch be-greifen. Ertappen Eltern ihren Fünfjährigen zum Beispiel mit seiner Spielgefährtin beim Doktorspielen, sollten sie weder erschrecken noch ihr Kind bestrafen. Das Kind ist seinem natürlichen Entdeckungsdrang gefolgt, weiter nichts. Erst eine dramatische Reaktion der Eltern würde es aufhorchen lassen, ihm Angst machen oder Schuldgefühle in ihm auslösen, die sein gesundes Verhältnis zur Geschlechtlichkeit empfindlich stören können.

Der englische Soziologe, Philosoph, Pädagoge und Nobelpreisträger Bertrand Russell sagte einmal: „Das Leben unserer Kinder sollte nicht von Schuld, Scham und Angst beherrscht werden. Kinder sollten immer froh, glücklich und natürlich sein. Sie sollten vor ihren eigenen Trieben keine Furcht haben. Sie sollten es nicht nötig haben, vor der Erforschung natürlicher Dinge zurückzuschrecken ..."

Vor allem das Klein- und Vorschulkind kann seine Impulse und Antriebe nur schlecht beherrschen und nur begrenzt auf ihre Befriedigung verzichten. Eltern sollten auch nicht Resignation als Tugend ansehen und die Kinder zu Duckmäusern erziehen, die jeden Ärger, jeden Wunsch nach Trieberfüllung hinunterschlucken. Das würde zu Verbitterung und Haß führen, die wir bei überstreng erzogenen Menschen häufiger beobachten. Kinder wollen so genommen sein, wie sie sind: auch als Triebwesen. Zugleich aber bedürfen ihre Triebe der Begrenzung und Beherrschung, die jedoch nur als Selbstbeherrschung erzieherisch und sittlich wertvoll sind. Fordern kann man erst in dem Maße, in dem man gefördert hat. Das ist auch der Sinn des Liebesgebotes Jesu Christi: „Liebe deinen Nächsten wie dich selbst" (Mt. 19,19). Es enthält nicht die Forderung nach völliger Unterdrückung der eigenen Regungen, sondern setzt gerade die Selbstliebe voraus und respektiert das Recht des einzelnen auf Entfaltung. Wenn das Kind dieses Recht bei anderen achten soll, müssen es Eltern zunächst einmal bei ihm respektieren.

4

Von Nacktheit und offenen Türen

„Vati, warum schließt du denn immer die Tür hinter dir zu, wenn du duschst?" fragt die fünfjährige Karin. Ja, warum eigentlich?

Ob überhaupt und bis zu welchem Alter Eltern sich ihren Kindern nackt zeigen sollen, ist ein Thema, das in zahlreichen Familien auch heute noch umstritten ist.

Sicher kann die totale Nacktheit sowohl dem Kind als auch den Eltern einen Schrecken versetzen, wenn sie völlig ungewohnt und unvorbereitet mit ihr konfrontiert werden. Wenn zum Beispiel das Kind plötzlich ins Badezimmer tritt, während der Vater unter der Dusche steht oder nackt zum Handtuch greift, um sich abzutrocknen. Hat ein Kind seinen Vater vorher nie völlig entkleidet gesehen und wird nun – eventuell auch noch mit drohenden Worten oder Blicken – aus dem Badezimmer verjagt, weil auch der Vater sich überrascht und in seinem Schamgefühl verletzt fühlt, dann wird es von nun an sicher alles Nackte als negativ empfinden und Schuldgefühle haben, falls es zufällig wieder einmal die Eltern nackt oder nur halb bekleidet antreffen sollte.

Aber warum lassen Eltern es überhaupt so weit kommen? Nacktheit ist eine natürliche Sache, und es ist eine Frage der Kultur, ob wir sie als selbstverständlich oder als obszön erleben. Welch verschlungene Wege die Gewohnheit, die Konvention gehen kann, sehen wir daran, daß bei unseren Urgroßmüttern schon das Vorweisen eines Beines als verrucht, herausfordernd, ja zügellos empfunden wurde.

Eltern ersparen ihrem Kind manche Ängste und unnötige Verwirrungen, wenn sie ihm von Anfang an erlauben, zusammen mit Vater und Mutter im Badezimmer zu sein und – des Kindes höchste Wonne – zusammen mit ihnen in der Badewanne zu plantschen. Dabei wird das Kind sich natürlich nicht enthalten können, den Körper der Eltern genau zu betrachten und die Eltern mit wißbegierigen Fragen zu durchlöchern.

Egal, wie gekonnt oder ungeschickt die Eltern jetzt etwa auf die Frage nach dem viel größeren Glied des Vaters oder dem Zweck und der Funktion der weichen Brüste der Mutter antworten – wenn sie es nur ehrlich und ohne falsche Scham tun, wird das Kind nicht entfernt etwas Schlechtes dabei denken, sondern im Gegenteil beglückt über das Vertrauen und das neuerworbene Wissen gelöst weiter mit ihnen plaudern, vielleicht über für die Eltern völlig abseitige Themen wie die Entstehung der Löcher im Badeschwamm, den Geschmack von Seife oder die mangelnde Ausrüstung des Schiffchens, dem es sich nun ebenso interessiert zuwendet wie einen Augenblick zuvor den Schamhaaren der Mutter.

Eltern sind jedenfalls gut beraten, wenn sie solche Gelegenheiten nutzen! Das warme Badewasser und die hautenge Nähe des Elternteils gibt dem Kind ein besonderes Gefühl der Geborgenheit und des Verbundenseins mit seinem Vater oder seiner Mutter.

Manche Sexualpädagogen sind der Ansicht, daß – genau wie das Kind abgestillt wird – auch die Neugier des Kindes nach ein paar Jahren gestillt sei und die Eltern die Badezimmertür dann wieder ver-

schlossen halten sollten. Der Grund dafür ist nicht recht einzusehen. Warum soll, wenn das Kind neun oder zehn Jahre alt ist, schlecht sein, was gut und richtig war, als es klein war und im Grunde noch ein Neutrum?

Soll das Kind, wenn es dringende Fragen mit der Mutter oder dem Vater zu besprechen hat, durch die verschlossene Tür schreien? Und meist ist das der Hauptgrund ihres Erscheinens im Badezimmer, wenn Kinder älter geworden sind. Aber auch wenn sie noch einmal mitbaden möchten, wenn sie einfach noch einmal klein sein und es so gut haben möchten wie früher, als sie vielleicht jedesmal, wenn Vater oder Mutter in die Badewanne stiegen, dabeisein durften, sollten Eltern sie nicht zurückweisen, sondern ihnen gewähren, wonach sie verlangen.

Es geht dabei im übrigen genau wie mit den morgendlichen Besuchen im Bett: Als die Kinder kleiner waren, kamen sie, sobald sie die Augen aufmachten, um den Beginn des Tages in den Armen der Mutter oder des Vaters zu erleben. Sind sie erst einmal im Schulalter, kommen sie nur noch selten, meist wenn sie sich nicht ganz wohlfühlen oder schlecht geträumt haben. Je älter sie werden, desto seltener ist ihr Bedürfnis nach einem gemeinsamen Baderlebnis, bis es schließlich ganz gestillt ist.

Allerdings dürfen Eltern bei aller Freiheitlichkeit und Großzügigkeit nun nicht in das andere Extrem verfallen und die Kinder zu offenen Türen zwingen. Die sich in der Vorpubertät entwickelnde natürliche Scham der Kinder dürfen Eltern nicht mißachten und vergewaltigen.

Wenn Kinder von sich aus die Badezimmertür hinter sich schließen, sollten Eltern nicht den Fuß dazwischenstellen und enttäuscht sein über das „Versteckspiel“, sondern müssen diesen Schritt hin zur eigenen Selbständigkeit und Persönlichkeitsfindung tolerieren. Sie sollten sich freuen über ihr – jedenfalls in diesem Punkt – schon erwachsenes Kind.

5

Von elterlicher Zärtlichkeit und kindlicher Scham

In der allgemeinen Diskussion über die notwendige Geschlechtserziehung wird häufig vergessen, daß der wichtigste Weg der Vorbereitung junger Menschen auf Liebe, Ehe und Elternschaft das miterlebte Eheglück der eigenen Eltern ist. Darum sollte jeder, der sich ein innerlich und äußerlich ausgeglichenes und gesundes Kind wünscht, immer wieder für die Bereinigung des sozialen Klimas, für die Entlastung des Gewissens sorgen.

Eltern können darin vorangehen, indem sie sich nicht selbst als schuldlose Übermenschen hinstellen, die alles richtig machen, sondern eigene Schuld zugeben und um Verzeihung bitten, aber auch gleichzeitig zeigen, wie man es wieder gut, ja besser macht. Wenn zum Beispiel die Eltern streiten, empfindet das Kind dies als Verletzung des Friedens und damit als Schuld. Wenn es den Streit erlebt, hat es auch Anspruch darauf, die Versöhnung zu erleben. Eltern sollten Möglichkeiten dazu finden und sich auch vor dem Kind versöhnen. So können Eltern ihm auch vorleben, wie man im Einklang mit seinem Gewissen lebt oder doch den Gewissensfrieden wiederherstellt, indem man Schuld einsieht und sich gegenseitig vergibt.

Häufig sind kindliche Verfehlungen nichts anderes als eine Antwort auf elterliches Fehlverhalten: Das Kind lügt oder betrügt, weil es sich selbst belogen oder betrogen fühlt. Oder es quält ein Tier und gibt damit eigene Qualen weiter. Darum sollten kindliche Verfehlungen gleichzeitig zu einer Gewissensprüfung für die Eltern werden, und sie sollten sich fragen: Sind wir unserem Kinde gegenüber schuldig geworden durch Nachlässigkeit, Lieblosigkeit, ungezügelte Affekte, Unzuverlässigkeit, oder haben wir es belogen?

Eltern sollten jederzeit bereit sein, ihren eigenen Gewissensetat auszugleichen, sollten auch bereits das Klein- und Vorschulkind um Verzeihung bitten können. Sind sie dazu nicht bereit, fördern sie die Abstumpfung des kindlichen Gewissens. Das Kind selbst hat nämlich durchaus die ursprüngliche Bereitschaft, Böses wiedergutzumachen. Es möchte wieder Frieden haben, wieder ausgeglichen und glücklich leben können. Diese Versöhnung bedarf auch körperlicher Gesten: herzlich umarmen, Wangen aneinander pressen, küssen, über den Kopf streicheln, die Hände halten. So begreift das Kind ganz von selbst, daß auch die Zärtlichkeit von Liebenden eine Sprache ist, die Trennung überwindet, die sogar Haß und Streit schlichten, Entzweiung durch Vereinigung ersetzen kann.

Aus dem Vorbild, das Kinder bei ihren Eltern erleben, erwächst auch ihr eigenes sexuelles Selbstverständnis und ihr Leitbild, das für die eigene Ehe bestimmend wird. So könnte die Institution Ehe für junge Leute attraktiver sein, wenn sich nicht so viele Eltern ihrer Erotik schämen zu müssen meinten, wenn die Leidenschaft nicht so häufig vertrocknete und durch Pflicht, Gewohnheit, Anspruchsdenken, Machtstreben, Leistungsehrgeiz und Mißtrauen abgetötet würde.

In einer Mangelgesellschaft, in der die Menschen überarbeitet und unterernäht waren, mochte die Kargheit ihrer Liebesbeziehungen notwendig und sinnvoll sein. Heute aber wird Sexualität und Liebe wichtiger genommen, die Menschen tun mehr für ihr Aussehen und pflegen das, was sie für den Partner anziehend macht. Daran sollen und müssen die Kinder Anteil nehmen, damit sie Vorbild und Vorbegriff einer glücklichen Ehe bekommen. Daß der Vater seiner Frau ein Kompliment macht, nicht nur für ein wohlgeratenes Menü, sondern auch für eine neue Frisur oder ein vorteilhaftes Kleid, ihre gute Laune oder ein wohlduftendes Parfum, sind selbstverständliche Kleinigkeiten, deren Summe jedoch von großer Bedeutung ist.

Dazu gehört auch, daß die Aufgaben der Mutter als Hausfrau und Erzieherin vom Vater – und von der Gesellschaft – anerkannt und wichtig genommen und nicht geringgeschätzt werden. Kein Mädchen, keine Frau sollte sich einreden lassen, der Beruf der Mutter lohne sich heute nicht mehr. Er ist ganz sicher ein Beruf mit guten Zukunftsaussichten und wird auch in hundert oder tausend Jahren noch gebraucht, was man von den meisten anderen Berufen nicht sagen kann. Vielleicht – hoffentlich – wird ihm der Beruf des Vaters eines Tages gleichwertig zur Seite treten. Vielleicht entdecken Männer allmählich den Wert des Ehrenamtes Mutter gegenüber dem Erwerbsberuf. Frauen sollten dies heute schon tun und sich nicht weismachen lassen, nichts weiter als einen schlechten, weil unter-, ja unbezahlten Sklavendienst zu leisten. Ist es Sklavenarbeit, wenn davon das Glück und das Lebensschicksal, die Erziehung und die Bildung aller Kinder dieser Erde, wenn davon die Vertrauenswürdigkeit und die Mitmenschlichkeit, die Freundlichkeit und Liebesfähigkeit künftiger Generationen abhängen? Die Arbeit

der Mutter ist mehr als ein Beruf, sie ist die wichtigste Aufgabe, die die Welt zu vergeben hat.

Der Vater bildet für das Kind, das die meiste Zeit zu Hause und in der Schule verbringt, die wichtigste Brücke zur Welt. Er erläutert ihm, wie ein Gesetz gemacht wird, eine Fernsehsendung oder eine Zeitung und wie ein Telegramm zur Omi kommt. Wesentliches und Unwesentliches also, das insgesamt aber dem Kinde Orientierung und Sicherheit in der Welt gibt und ihm die sozialen, wirtschaftlichen, technischen und wissenschaftlichen Zusammenhänge dieser Welt erklärt.

Natürlich ist eine solche Aufgabe nicht an das Geschlecht gebunden. Auch die Mutter kann sie wahrnehmen, vor allem dann, wenn sie nicht – wie das Kind – ganz an die heimische Welt gebunden ist, sondern durch berufliche, soziale, kirchliche, politische oder andere Aufgaben mit der Öffentlichkeit in Kontakt bleibt. Die Balance zwischen ihren familiären und ihren durch die Gleichberechtigung gewachsenen öffentlichen Aufgaben zu finden ist für die Frau allerdings eine besonders schwierige Kunst. Weder gegen die häusliche Hilfe des Mannes noch gegen das berufliche oder öffentliche Engagement der Frau ist etwas zu sagen, wenn beides sich die Waage hält und keiner, vor allem die Kinder nicht, dabei zu kurz kommt.

Wir wissen heute, daß es keine typisch männliche oder typisch weibliche Arbeit gibt, sondern nur eine Arbeit, die getan werden muß. Jede Lösung ist gut, bei der alle Aufgaben erfüllt werden und alle Menschen zu ihrem Recht kommen. Das gilt nicht nur für den Haushalt, sondern ebenso für die davon kaum zu trennende Erziehung. Wenn die Mutter nicht berufstätig und den ganzen Tag mit den Kindern zusammen ist, versuchen überbeschäftigte Väter oft, sich vor den Erziehungsaufgaben zu drücken und sie allein der Mutter zu überlassen. Damit können sie bei den Kindern Schaden anrichten. Denn wenn der Vater es versäumt, die offenen Fragen und Bedürfnisse der Kinder zu beantworten und zu erfüllen, fehlt dem Jungen die Gelegenheit zur Identifikation, zum Vorbild für die eigene männliche Rolle. Dem Mädchen fehlt das männliche Gegenbild, die Einstellung auf den andersgeschlechtlichen Partner. Beides ist für das Erwachsenwerden und die Vorbereitung auf die Begegnung mit dem anderen Geschlecht entscheidend wichtig.

In der sogenannten ödipalen Phase zwischen fünf und sieben Jahren, in der sich im Kind eine stärkere Neigung zum andersgeschlechtlichen Elternteil entwickelt, kann es zu Rivalitäten zwischen Vater und Sohn – seltener zwischen Mutter und Tochter – kommen. Dieser Konflikt zwischen Vater und Sohn ist sprichwörtlich, seit Ödipus – oder genauer, seit der Arzt Sigmund Freud diesen Konflikt entdeckt und mit dem Namen jenes antiken Königs belegt hat. Diese Rivalitäten können heftig und dauerhaft sein, wie wir seit Freud wissen, jedoch gehen wir heute nicht mehr von ihrem zwangsläufigen und generellen Auftreten aus. Zeigen sich solche empfindlichen Reaktionen, sollten Eltern zurückhaltender sein mit gegenseitigen Zärtlichkeiten im Beisein des Sohnes, bis die kritische Zeit vorüber ist. Meist leidet jedoch das Kind unter den Zärtlichkeitsbeweisen seiner Eltern nur dann, wenn es selbst zu kurz kommt. Ist das nicht der Fall, gönnt es gewöhnlich auch den Eltern ihren Teil. Es begreift auf diese Weise, daß nicht ein Elternteil – etwa die Mutter – ihm allein gehört.

Eine weitere kritische Phase setzt mit der Vorpubertät ein. In diesem Alter – zwischen neun und elf Jahren – entwickelt sich beim jungen Menschen ein natürliches Schamgefühl. Er wird in der Äußerung eigener Gefühle zurückhaltender, umarmt die Eltern nicht mehr selbstverständlich, zeigt sich nicht mehr so gern nackt und spricht auch nicht mehr über alles.

Dies sollten Eltern respektieren und umgekehrt ebenfalls in der Äußerung der eigenen Gefühle sowohl dem Kind dieser Altersstufe wie auch dem Ehepartner gegenüber zurückhaltender sein. Diese Nuancen zu berücksichtigen fällt dann am leichtesten, wenn man auch bisher im Bekunden von Zärtlichkeit behutsam war. Stärkere leidenschaftliche Ausbrüche schaden immer.

Und selbstverständlich ist der gelegentlich vorgebrachte – meist ironisch gemeinte – Vorschlag, die Kinder auch an der Intimbegegnung der Eltern teilhaben zu lassen und ihnen sozusagen Anschauungsunterricht von klein auf zu geben, indiskutabel. Kinder würden den starken Ausdruck erotischer Leidenschaft und Erregung nicht oder falsch verstehen und in einem nicht zu verantwortenden Maße innerlich aufgewühlt werden. Der vierjährige Klaus, der im elterlichen Schlafzimmer schlief, rannte schreiend vor seinem Vater davon. Er glaubte, der Vater verprügele und schlage die Mutter.

Es ist nicht wahr, daß man Geschlechtserziehung nach dem Prinzip von Anschauung und Erprobung betreiben müsse, das für so viele Lehrstoffe gilt. Erleben wir nicht auch die Millionen Kilometer entfernte Sonne im Sonnenschein unmittelbar nah als Licht und Wärme, ohne die es kein Wachsen und Gedeihen gibt? So kann es auch mit der Liebe der Eltern sein: Die Eruptionen der Leidenschaft mögen sich dem Augenschein entziehen – auf die Wärme, die aus der ehelichen Liebe strahlt, und das Leuchten, das auch im grauesten Alltag sichtbar ist, ist das Kind für sein Leben angewiesen.

Der junge Mensch muß schon früh merken, daß Vater und Mutter von dem Wert ihrer Geschlechtlichkeit überzeugt sind und davon, daß sie den Menschen unendlich glücklich machen kann, wenn Reifung, Partnerwahl und Lebensgemeinschaft gelungen sind. Er soll wissen, welche Voraussetzungen dazu gehören, soll über die Einzelheiten von Liebeskunst und Liebestechnik und nicht nur über die simplen Tatsachen der äußeren Befruchtungsvorgänge erfahren, ja, er soll lernen, daß die Kultur des Liebens noch wichtiger ist als die Kunst des Kochens, ja auch als die Technik seines Handwerks, und nicht zuletzt, daß Sexualität, wenn sie zur Konsumware erniedrigt wird, das Lebensglück zerstören kann. In der heutigen Freizeitgesellschaft mit den höheren persönlichen Lebenserwartungen, einer erheblich verlängerten Ehedauer ist die Bedeutung des intimsten Lebens gar nicht hoch genug einzuschätzen. Das von dem jungen Menschen auf diesem Gebiet ersehnte Glück kommt aber nicht von selbst, sondern man muß es lernen, und es ist wahrhaftig wert, gelernt und damit auch gelehrt zu werden!

6

Von verblüffenden Gefühlsschwankungen…

Zwar sind auch schon in der Kindheit Junge und Mädchen verschieden, aber die eigentliche geschlechtliche Reifung setzt erst in der Pubertät ein. Durch ein sorgsam abgestimmtes Wachstumsprogramm werden in einem bestimmten Alter – es schwankt individuell zwischen zehn und sechzehn Jahren – die entscheidenden Wachstumsprozesse ausgelöst, die zu jener tiefgreifenden Umstellung und Veränderung des Organismus führen, die wir mit dem Wort Pubertät bezeichnen. Es bedeutet die Zeit der eintretenden Geschlechtsreife.

Den Anstoß dazu gibt eine kirschkerngroße Drüse im Hirnanhang, die sogenannte Hypophyse, durch ein Wecksignal an die Keimdrüsen. Sie streuen von nun an in vollem Umfang Sexualhormone ins Blut. Als Folge davon verändert der junge Mensch sich auch äußerlich. Er schießt in die Höhe und entwickelt die sekundären Geschlechtsmerkmale: Muskeln, Knochenbau, Bart beim Jungen; Brüste, Becken bei den Mädchen; bei beiden beginnen Achsel- und Schamhaare zu wachsen.

Jungen und Mädchen, die bisher ganz selbstverständlich miteinander herumtobten, gehen sich nun aus dem Weg. Sie werden sich fremd in dieser Zeit. Beide beginnen mehr als bisher auf ihr Äußeres zu achten. Der Blick in den Spiegel ist ihnen wichtig, und ein Pickel am Kinn, der sie früher nicht gestört hätte, bringt sie jetzt zur Verzweiflung.

Der junge Mensch blickt in sich hinein, will sich selbst kennenlernen und wird sich dabei zum Problem. Da die alte Form überwunden wird, die neue aber noch nicht abgeschlossen ist, fühlt er sich unsicher und ratlos. Diese Unsicherheit zeigt sich auch in vielerlei Experimenten: mit der Frisur, der Kleidung, der Handschrift, ja, man erprobt neue und immer wieder andere Gesten, Gesichtsausdrücke und Sprechweisen, was beim Jungen durch den Stimmbruch oft ganz besonders auffällt.

Die Geduld und das Verständnis der Eltern wird jetzt oft auf harte Proben gestellt. Denn die Beziehungen des jungen Menschen zur Umwelt hören nun auf, nur naiv-bejahend zu sein. Für den Pubertierenden bekommt mit einemmal alles einen problematischen Charakter. Er selbst fühlt sich als Mensch in Frage gestellt und stellt auch alles andere in Frage: die Familie, die Eltern, die Autorität in Schule, Betrieb, Kirche und Staat. Er bezweifelt das Selbstverständliche, das er bisher für richtig hielt. Wenn er Zeit zum Nachdenken und Übung darin hat, besinnt er sich auf sich selbst und entdeckt sein Ich als neuen Bereich der Welt.

Sein Gefühlsleben schwankt zwischen den extremsten Widersprüchen hin und her: heute lebhaftes Außeninteresse, morgen empfindlichste Selbstabkapselung. Eben noch brutale Realitätsnähe, im nächsten Augenblick schwärmerische Sentimentalität. Jetzt lebhafter Aktivismus, bald darauf ödeste Langeweile. Mal Heldentum nach außen und dahinter Minderwertigkeitsgefühle bei den Jungen, kicherndes Zusammenhocken in Gruppen und im nächsten Augenblick einsames In-die-Kissen-Weinen bei den Mädchen. Beide Geschlechter ändern ihre Meinungen von heute auf morgen. Eben sind sie noch angepaßt, im nächsten Augenblick können sie schwierig sein; heute werden sie von den Erwachsenen als selbstaufopfernd, morgen als frech und provozierend empfunden, heute als unternehmungslustig und morgen als mürrisch.

Dieses widersprüchliche Verhalten macht Jugendliche in der Pubertät für ihre Umwelt schwierig bis unerträglich und das Leben für den Jugendlichen selbst auch. Dennoch ist es wichtig für ihn und seine Entwicklung, für die Ablösung von den Erziehern und die künftige Selbständigkeit, für den Versuch, die eigene Rolle und den Standort in der Gesellschaft zu finden.

Weil der Jugendliche in Wahrheit abhängig ist von seiner Umwelt – äußerlich und innerlich –, muß dieser notwendige Prozeß der Ablösung schmerzhaft sein. Der Jugendliche kann nicht den im Grunde von ihm geachteten und geliebten Erwachsenen in allem recht geben, sich von ihnen weiterhin Vorschriften machen lassen und dabei gleichzeitig selbständig werden, neue Kontakte anknüpfen, neue Aufgaben suchen, das eigene Leben planen. Da Erwachsene aber gern so weitermachen, wie sie es bisher für richtig hielten, muß dieser Bruch vom Jugendlichen aus erfolgen. Wenn beide Seiten diese Notwendigkeit erkennen, dann können jene Familientragödien vermieden werden, von denen die Literatur und die Zeitungen voll sind.

Auch die Liebesentwicklung des jungen Menschen bekommt in der Pubertät eine neue Wendung. In den letzten Jahren vor dem Umbruch war das andere Geschlecht mit gemischten Gefühlen betrachtet worden. In der sogenannten Latenzzeit – etwa vom 8. bis zum 11. Lebensjahr – haben sich die Geschlechter getrennt und gemieden. Beide schlossen sich in dieser Zeit eher zu gleichgeschlechtlichen

Gruppen zusammen, als daß es zu einem Miteinander oder gar zur Paarbildung kommt. In diesem Verhalten deutet sich die von nun an unterschiedliche Entwicklung beider Geschlechter schon an, die mit der Pubertät ganz offenkundig wird:

Beim Mädchen ist der Eintritt der Reife durch die erste Monatsblutung markiert. Sie ist körperlich und seelisch ein einschneidendes Erlebnis des Mädchens auf dem Wege zur Frau. Viele Mädchen haben Schwierigkeiten, dieses Ereignis zu bejahen und als zugehörig zu ihrem Wesen und ihrer Weiblichkeit zu akzeptieren. Vor allem Mädchen, mit denen die Mutter nicht rechtzeitig über die Vorgänge gesprochen hat, die nun in ihrem Körper ablaufen, können von der ersten Blutung und den vorangehenden Schmerzen sehr beunruhigt, in einzelnen Fällen schockiert sein. Eltern sollten deshalb mit ihrer Tochter beizeiten darüber reden, daß dieses Geschehen etwas völlig Normales ist und daß vor allem in der ersten Zeit die Beeinträchtigungen oft schwerer und die sogenannte Regel (Menstruation) häufig unregelmäßig ist.

Durch behutsames elterliches Geleit gerade in dieser für die Heranwachsende schwierigen Zeit werden Komplikationen auch objektiv und nicht nur subjektiv verringert. Vor allem auch, wenn mit dem Mädchen rechtzeitig darüber gesprochen wird, daß die depressive Abbruchphase des weiblichen Zyklus (nach der Monatsmitte bis zur nächsten Regel), in der die Stimmung eher deprimiert oder doch empfindlich und nach innen gekehrt ist, jedes Mal wieder von der heiteren und positiven Aufbauphase (vom Beginn der Regel bis zum nächsten Eisprung) abgelöst wird. Dieses periodisch wiederkehrende Erlebnis ist Jungen und Männern aus ihrem eigenen Erleben fremd und daher schwer nachfühlbar. Um so wichtiger ist es, daß auch junge Männer darüber Bescheid wissen und diese Besonderheit des weiblichen Lebensrhythmus kennen und berücksichtigen.

Verständlicher wird diese psychologische Besonderheit durch einen genaueren Blick auf den weiblichen Zyklusverlauf. Die Schilderung der Eltern könnte etwa so lauten:

In den beiden weiblichen Eierstöcken (Ovarien) liegen einige tausend Eier bereit, von denen – jeweils abwechselnd auf der rechten und der linken Seite – Monat für Monat eines heranreift und zum Zeitpunkt des Eisprungs (Ovulation) den Eierstock verläßt und durch die Eileiter (Tuben) in die Gebärmutter wandert. Wenn es auf diesem Wege durch eine entgegenkommende Samenzelle befruchtet wird, beginnt eine Schwangerschaft. Sonst geht das Ei schon nach einem Tag auf dem etwa einwöchigen Weg in die Gebärmutter, die sich durch Anschwellen und Durchbluten der Schleimhäute auf ein befruchtetes Ei vorbereitet hat, zugrunde und wird mit blutigen Schleimhäuten nach vierzehn Tagen ausgestoßen.

Wir unterscheiden in diesem vierwöchigen Verlauf des weiblichen Zyklus zwei Phasen:

Erstens die Gelbkörperphase, in der die Schwangerschaft vorbereitet wird. Sie beginnt etwa mit dem Eisprung und wird von den Gelbkörperhormonen, den Gestagenen, bestimmt. Sie bewirken die geschilderte Stimmungsveränderung. Die Frau ist jetzt mehr auf sich selbst und die mögliche Empfängnis eingestellt. Bleibt diese aus, beginnt durch die Wirkung des sogenannten Follikelhormons beziehungsweise der Östrogene eine

zweite Phase: Jetzt ist die Frau stärker nach außen gewandt und stärker auf den Partner orientiert. Während sie in der ersten Phase eher passiv umsorgt und geborgen sein möchte, ist sie in der zweiten, der sogenannten Aufbauphase selbst aktiv und werbend.

Bei manchen Frauen sind beide Phasen nicht auffällig voneinander abgegrenzt, bei anderen geradezu extrem entgegengesetzt, so daß sie unter diesen Schwankungen selbst außerordentlich leiden und sich daraus auch Belastungen und Krisen für die Ehe ergeben können. Diese lassen sich am besten meistern, wenn man um diese Vorgänge weiß und sie im täglichen Umgang miteinander berücksichtigt.

Gerade in der Pubertätszeit besteht bei Mädchen die Gefahr, daß sie sich wegen dieser komplizierten Vorgänge in ihrem Körper benachteiligt oder gar minderwertig vorkommen, ist das Geschehen im männlichen Körper doch sehr viel einfacher. Körperfeindlichkeit und Prüderie, ungesunde Hemmungen, ja nicht selten so etwas wie Ekel können das Selbstgefühl des Mädchens schwer und dauerhaft beeinträchtigen, so daß seine Weiblichkeit und Anmut, sein Liebreiz und seine Liebesfähigkeit darunter leiden, wenn Eltern jetzt nicht korrigierend und anerkennend eingreifen. Kommen nämlich dann noch soziale Nachteile wie schlechtere Ausbildung, mindere Bezahlung und geringere gesellschaftliche

Anerkennung hinzu, verknüpft sich das eine oft mit dem anderen, so daß ein Mädchen leicht meinen kann, es sei gegenüber dem Jungen weniger wert. Dann verzichtet es häufig auf eine weiterführende Ausbildung und auf die nötige Ausdauer und die intensive Arbeit an sich selbst („wozu denn, das lohnt sich ja doch nicht"). Junge Männer tun ein übriges, um das Mädchen auf eine nur äußerliche Sexualrolle festzulegen.

Viele Mädchen, gerade die hübscheren, wählen diesen leichteren Weg, Anerkennung und Erfolg zu bekommen, und verlassen sich auf ihre äußeren Vorzüge, begnügen sich damit, zu gefallen, und versäumen ihre geistige, charakterliche und gesellschaftliche Bildung und Behauptung. Insofern wird die Pubertät gerade im Leben des Mädchens zu einer kritischen sozialen Weiche, die – einmal in dieser oder der anderen Richtung gestellt – den Weg ihres weiteren Lebens nahezu unwiderruflich bestimmt. Durch Ansporn und unmerkliche Führung werden verantwortungsbewußte Eltern jetzt achtgeben, daß die Weichenstellung in der gewünschten Richtung erfolgt.

7

... und sonstigen Pubertätsproblemen

Jungen reifen explosiver als Mädchen. Etwa ein dreiviertel Jahr später als beim Mädchen tritt beim Jungen die biologische Reife ein. Sie ist markiert durch die erste Samenentleerung, die meist unwillkürlich und über Nacht als sogenannte Pollution erfolgt, häufig aber auch durch manuelle Reizung (Masturbation) herbeigeführt wird. Zusammen mit dem Samenerguß (Ejakulation) erlebt der Junge – oft in Gestalt eines lustvollen Traums, in dem er die Reize des weiblichen Körpers wahrnimmt – regelmäßig geschlechtliche Erregung bis zum Höhepunkt des Lustgefühls (Orgasmus).

Dies ist für den Jungen zunächst eine sowohl beglückende wie bestürzende Erfahrung, die einerseits als Befreiung und Befriedigung, andererseits als Befleckung und Beschmutzung empfunden werden kann. Letzteres ist aber nur dann der Fall, wenn der Junge seine Sexualität und die Vorgänge in seinem Körper beziehungsweise auch außerhalb als ekelhaft und abscheulich empfindet, weil sie ihm unheimlich sind oder weil sie infolge falscher Erziehungseinflüsse Abwehr oder Angst in ihm auslösen.

Eltern dürfen dem Jungen nicht verschweigen, daß ein mehr oder minder regelmäßiger Samenerguß vom Zeitpunkt der biologischen Reife an etwas Normales und keineswegs Beängstigendes oder

„Schlechtes" ist. Von nun an müssen Jungen, da sie im allgemeinen in diesem Alter nicht zu besonderer Reinlichkeit neigen, meist von den Eltern wiederholt dazu angehalten werden, täglich ihr Glied, besonders die Eichel unter zurückgezogener Vorhaut, mit einem weichen Waschlappen oder Wattebausch zu reinigen. Denn sonst tritt durch das abgelagerte Smegma, eine weißliche Masse, Juckreiz auf, aus dem sich eine unangenehme Entzündung entwickeln kann. Die ohnehin schon häufige Neigung zur Gliedversteifung (Erektion) würde dadurch noch gesteigert und die Aufmerksamkeit in oft belastender Weise auf die eigenen Genitalorgane gelenkt. Dies sollte vermieden werden.

Solche Erektionen, verbunden mit erotischen Träumen oder ausgelöst durch entsprechende optische oder vorgestellte Erlebnisse, aber auch durch mechanische Reize wie eine volle Blase sind gerade in der ersten Zeit der sexuellen Reife besonders häufig. Sie können einen Jungen erheblich stören, seine Konzentration beeinträchtigen, die Aufmerksamkeit anderer auf ihn lenken oder auch nur die Sorge erwecken, dies könnte geschehen, und ihn schließlich zur häufigen Selbstbefriedigung führen.

In der gesunden Entwicklung ist die Selbstbefriedigung eine Stufe, die man in späteren Jahren, spätestens wenn man seinen Lebenspartner gefunden hat, von selbst hinter sich läßt. Deshalb sollten Eltern dem Kinde gegenüber kein zu großes Aufheben davon machen, doch darüber das klärende und für den Heranwachsenden hilfreiche Gespräch nicht versäumen. Dazu einige Informationen und Anregungen:

Beim Jungen führt die von der Hypophyse ausgelöste Keimdrüsenentwicklung zu einer gesteigerten Produktion von Sexualhormonen (Androgenen) und zur gleichfalls in den Keimdrüsen erfolgenden Produktion von Samenzellen (Spermien oder Spermatozoen). Die Hormone werden ins Blut abgegeben (innere Sekretion), die Spermatozoen über die Samenleiter und das Glied (Penis) nach außen (äußere Sekretion). Dabei werden sie auf ihrem Weg vorbei an der Samenblase und der Vorsteherdrüse (Prostata) von diesen und außerdem noch von den sogenannten Cowperschen Drüsen mit Gleitflüssigkeit ausgestattet. Während bei der Frau die sexuelle Erregung nach heutiger Erkenntnis lediglich vom Sexualzentrum des Gehirns gesteuert, aber nicht durch weibliche Hormone gesteigert wird, geschieht dies beim Mann durch die männlichen Hormone zusätzlich sehr intensiv. Darum ist die Erregungsfähigkeit des Mannes, vor allem in den ersten Jahren nach erlangter Sexualreife, sehr erheblich und heftig. Dies erklärt auch die höhere Verbreitung von Selbstbefriedigung bei Jungen und eine größere sexuelle Aktivität.

Die Selbstbefriedigung ist, vor allem wenn sie sehr häufig – mehrmals bis viele Male am Tag – geschieht, nicht gerade wünschenswert, aber auch nicht schädlich. Früher hat man die jungen Leute mit Rückenmarkschwindsucht, Schwachsinn und Potenzverlust als angeblichen Folgen gewarnt und geschockt, aber diese Warnungen waren unbegründet. Auch hat die Erfahrung ergeben, daß der hartnäckige und ausschließliche Kampf gegen die Selbstbefriedigung meistens zu nichts führt, im Gegenteil: Der junge Mensch wird nun erst recht auf die reizvollen Zonen und Erlebnisse fixiert und kommt so zu immer neuer Wiederholung. Der Hinweis auf Sport, kaltes Duschen und Verzicht auf Nikotin und Alkohol ist nicht falsch, hat aber meist auch nicht die gewünschte Wirkung.

Eine übertriebene Selbstbefriedigungspraxis zeigen in der Regel nur Jugendliche mit einem sehr unausgewogenen Triebgeschehen oder mit sehr enttäuschenden sozialen Situationen – schlechtem Familienmilieu, häufigem Schulversagen, mangelnden sozialen Kontakten. Die fehlenden Lust- und Erfolgserlebnisse auf anderen Gebieten sind es dann, die diesen Jungen zu der – übrigens beim Mädchen weitaus geringer verbreiteten – Praxis häufiger Selbstbefriedigung führen. Sie kann in diesem Fall aufreizend für die nervliche Verfassung und abträglich für die innere körperliche und seelische Ausgeglichenheit und insbesondere die Konzentration wirken und im Zustand der Gereiztheit sich immer wieder aufs neue einstellen, so daß ein Zirkel entsteht, aus dem man allein schwer einen Ausweg findet. Eltern sollten deshalb nicht zögern, Rat und Hilfe in einer Erziehungsberatungsstelle zu suchen, damit die eigentlichen Ursachen ermittelt und behandelt werden können.

Am besten ist in jedem Fall eine gelassene, gleichmütige Grundeinstellung, die das Problem nicht übertrieben wichtig findet und es vielleicht als eine sportliche Aufgabe betrachtet, sich von anderen Tätigkeiten möglichst wenig ablenken zu lassen.

Auch schuldhaft ist Selbstbefriedigung nicht, die mit einem nicht ganz glücklichen Ausdruck auch Onanie genannt wird (obwohl Onan im Alten Testament sich nicht selbst befriedigte, sondern im Verkehr mit der ungeliebten Frau seines Bruders seinen Samen auf die Erde vergoß). Lediglich eine allzu hastig, lieblos und mit Schuldgefühlen vollzogene Selbstbefriedigung kann bei langer Gewöhnung deshalb nachteilig sein, weil der Bogen von der Erregung bis zur Entspannung durch diese ungeduldige Praxis immer mehr abgekürzt wird. Dies ist für die spätere eheliche Geschlechtlichkeit meistens von Nachteil, weil die Erregungskurve der Frau normalerweise langsamer ansteigt und auch allmählicher abklingt, während der Mann ohnehin schneller erregbar und auch rascher wieder abgekühlt ist. Er sollte sich also eher darin üben, seine Erregungsabläufe zu verlangsamen, um zu einer harmonischeren Übereinstimmung mit seiner Partnerin zu kommen.

8

Von zu früher Bindung und den Folgen

Jeder Junge möchte alsbald eine Freundin, jedes Mädchen einen Freund haben. Das ist gut und normal. Nicht gut ist allerdings eine zu frühzeitige ausschließliche Bindung an einen andersgeschlechtlichen Freund, ehe man nicht zahlreiche unverbindliche Kontakte mit einer größeren Zahl von Partnern in einem freien und offenen Gruppenleben gehabt hat.

Deshalb kann man einem jungen Menschen nur raten, in eine Jugendgruppe, später vor allem eine gemischtgeschlechtliche, einzutreten, und Eltern tun gut daran, solche Bestrebungen ihrer Kinder zu unterstützen und zu fördern. Da der junge Mann und das junge Mädchen allmählich aus der elterlichen Familie herauswächst und die eigene Familie noch nicht gegründet hat, in diesem Zwischenraum der Jugendzeit aber ebenfalls soziale Beziehungen braucht, bietet sich die Jugendgruppe als Eingliederungs- und Einübungsfeld geradezu an. Gefällt dem Heranwachsenden die Gruppe nicht, kann er sie wechseln, bis er die gefunden hat, in der er sich zu Hause fühlt. Und da das eigene Zuhause immer weniger befriedigt, als zu eng und oft verständnislos empfunden wird, ist die gleichaltrige Gruppe so etwas wie die zweite Heimat. Hier lernt man sich näher kennen und kann – anders als bei einer Tanzparty oder in der Diskothek – auch die charakterlichen und sozialen Qualitäten der andersgeschlechtlichen Partner erfahren und verspüren. Das ist eine bessere Basis als ein noch so reizvoller Flirt im vielleicht alkoholisierten Zustand.

In der Gruppe kann der junge Mensch auch seine Wirkung auf das andere Geschlecht erproben und die Beziehungen zu ihm spielerisch und ohne größeres Risiko genießen, solange er die Intimsphäre des anderen respektiert. Er kann immer neue Menschen und Welten kennenlernen, sich einladen lassen und sich selbst aufschließen zu den überwältigenden Begegnungen, die man so atemlos, so bebend, so einmalig und großartig nur in der Jugend haben kann.

Auch darüber gilt es das Gespräch zwischen Eltern und Kindern lebendig zu erhalten, damit der Jugendliche erkennt: Es wäre ärmlich und töricht, sich von der Pubertät an an einen einzigen Partner zu klammern und ihn nicht mehr loszulassen, bis man vor dem Traualtar steht. Bei Tanzveranstaltungen hängen sie eng umschlungen aneinander und haben für nichts anderes Augen als für den Partner. Sie sehen aus, als wären sie sehr glücklich miteinander. Diese überhitzten Bindungen enden aber meist sehr bald in Krisen, weil es in diesem Alter an Liebesfähigkeit und dem Vermögen fehlt, zu geben und nicht nur zu nehmen. Häufig binden sie sich deshalb allzu früh, weil sie sich bei ihren Eltern zu Hause nicht mehr wohlfühlen. Diese stehen bis zum Hals im Daseinskampf und suchen in ihrer Freizeit Ablenkung und Entspannung anstatt das Gespräch mit ihren Kindern. Herrschen dann vielleicht noch Spannungen und Zerwürfnisse zwischen den Eltern, werden die Grundbedürfnisse des jungen Menschen nach Liebe, Geborgenheit und Verständnis in der Familie nicht erfüllt, sucht er ganz automatisch außerhalb des

Hauses Ersatz. Er sieht im Partner den Ersatzvater oder die Ersatzmutter und überfordert ihn damit meistens.

Ein vierzehnjähriger Junge, dessen Eltern darüber klagen, daß er schon eine feste Freundin hat, sagte wörtlich: „Ich will wenigstens einen Menschen ha-

ben, von dem ich weiß, daß er mich gern hat, dem ich alles sagen kann, der mich versteht, Zeit für mich hat und mich nicht dauernd anmeckert." Durch eine so ängstlich verkrampfte Beschränkung auf einen einzigen Menschen kommen dann jene viel zu frühen Dauerbindungen zustande, in denen die Partner einander bald nichts mehr zu sagen haben und schließlich ab fünfundzwanzig ihren Lebensabend vor dem Fernsehschirm verbringen, weil ihnen sonst nichts mehr einfällt. Ihre Jugend verläuft arm an Erlebnissen und Kontakten. Die Abenteuer des Gruppenlebens, des Reisens, der immer neuen Verliebtheit, der Schmerz der Trennung und das Herzklopfen jeder neuen Verbindung bleiben ihnen erspart und vorenthalten. Sie vergreisen, ehe sie recht jung geworden sind.

Manche von ihnen holen allerdings irgendwann im Laufe des Lebens das Versäumte nach, sofern man Versäumtes überhaupt jemals nachholen kann. Eines Tages spüren sie, daß ihnen viel an reizvollem Erleben entgangen sein muß, und nun lassen sie Frau und Kinder oder Haus und Mann im Stich und wollen das Leben in vollen Zügen und möglichst auf einmal genießen. Das muß mißlingen, und so wird außer der Enttäuschung über die nicht nachzuholende Jugend schließlich auch das wenige Erreichte, das eigene bescheidene Familienglück in Frage gestellt oder gar zerbrechen.

Eltern müssen wissen, daß die Ursachen einer solchen Entwicklung häufig bereits in den Pubertätsjahren entstehen und sie selbst daran nicht unbeteiligt sind. Gerade in dieser Zeit ist es wichtig, daß alle auftauchenden Probleme offen durchgesprochen werden. Es sollte kein Gebiet geben, das von Tabus so eingeklammert ist, daß man es nicht mit der Sprache umkreisen und schließlich erhellen kann. Das hilft dem Jugendlichen, mit all seinen ungelösten Fragen, die sich sonst zu Komplexen verhärten können, fertigzuwerden. Er darf nicht in das Gefängnis seiner Ängste und Phantasien eingesperrt bleiben.

Spracherziehung ist deshalb ein wesentlicher Teil der Geschlechtserziehung. Ohne die Unbefangenheit der Sprache kann man diese heiklen Dinge nicht anfassen und die Lösung innerer wie äußerer Konflikte kaum erreichen. Der Jugendliche kann sich aber nur daran gewöhnen, wahrheitsgemäß und offen zu sprechen, auch in heiklen Dingen die richtigen Worte zu finden und nicht auf den Gassenjargon angewiesen zu sein, wenn die Eltern ihm darin ein Beispiel geben.

Die Gefühle und Empfindlichkeiten junger Menschen in der Pubertät sollten Eltern immer respektieren. Jungen und Mädchen haben in diesem Alter ein ausgeprägteres Ehrgefühl, sind leichter verwundbar, ziehen sich häufig zurück wie Einsiedlerkrebse und behaupten ihre Freiheit heftiger als sonst. Das verdient Achtung und Schonung. In der Art, sie anzusprechen, kann ihre künftige Rolle als Mann oder Frau vorgezeichnet werden. So wird die Atmosphäre der Begegnung in diesem Alter besonders wichtig, bestimmt sie doch den Stil des Verhaltens zueinander.

Burschikose Kameradschaftlichkeit mag zu Zeiten richtig sein, daneben ist aber von der Pubertät an ein unverbindlich-achtungsvoller Stil von seiten der Eltern angebracht, der das junge Mädchen bereits als Dame, den Burschen als jungen Mann respektiert. Das geheime Fluidum, die knisternde Spannung zwischen den Geschlechtern sollte sorgsam gepflegt und weder unterdrückt noch grobschlächtig-burschikos entladen werden. Wenn dieser spannungsvolle Reiz doch nur das ganze Leben hindurch erhalten bliebe, auf daß er die Partner miteinander verbinde!

9

Vom Irrtum um „Probe-Ehe" und „Partnererprobung"

Das Entdecken des Andersseins bildet für die meisten Jugendlichen den Hauptreiz des Zusammenkommens. Es besteht kein Grund, die Geschlechter in diesem Alter zu trennen und bestimmte Verhaltensregeln nur den Mädchen einzuschärfen. Wenn unsere Gesellschaft schon vom weiblichen Geschlecht eine strengere Sexualmoral fordert, so sollte deren Einhalten den jungen Männern besonders ans Herz gelegt werden. Gerechter wäre es jedoch, von beiden das gleiche zu erwarten und ihnen auch die gleichen Hinweise und Hilfen zu geben, so daß sie voneinander wissen und einander respektieren können.

Bei einer vertrauensvollen Eltern-Kind-Beziehung wird der Jugendliche auch in diesem Alter nicht aufhören zu fragen. Ungefragt zu dozieren kann Eltern nicht empfohlen werden. Meist kommen die Fragen von selbst oder werden durch bestimmte Anlässe hervorgerufen, so zum Beispiel:

- Mit wieviel Jahren kann eine echte Liebe entstehen?
- Wie finde ich die richtige Freundin?
- Woran merkt man, ob man jemand liebt?
- Ist ein Kuß eine absolute Liebeserklärung?

- Kann man die Ehe nicht erst einmal zur Probe führen?
- Ist es richtig, Geschlechtsverkehr vor der Ehe miteinander zu haben?
- Was ist, wenn man noch kein Kind haben kann oder will?

Auf solche und ähnliche Fragen müssen Eltern jederzeit gefaßt sein. Die Themen „Empfängnisverhütung" und „voreheliche Erfahrungen" werden dabei meist einen besonders breiten Raum einnehmen. „Soll man sich vor der Ehe nicht erst mal gegenseitig testen?", fragte ein junger Mann und drückte damit die Besorgnis vieler jungen Menschen aus, an einen Partner zu geraten, mit dem man sich letztlich doch nicht versteht. Bei der Beantwortung dieser Frage sind viele Eltern unsicher. Deshalb hier einige Gedanken dazu, die man mit jungen Menschen diskutieren könnte:

Zweifellos gehört zu einer umfassenden Liebespartnerschaft die Verbindung von Leib, Seele und Geist. Es wäre unnatürlich, hier einen großen und wichtigen Bereich auszusparen und beiseite zu drängen. Dennoch ist es nicht richtig, daß man Partnerschaft nur durch die gleichzeitige Verbindung aller Bereiche praktizieren könne. Man kann Partnerschaft lernen, wie ja auch ein Astronom den Sternenhimmel studiert, ohne sich gleich als Astronaut zu betätigen und die Venus aufzusuchen. Gerade Qualitäten wie Verantwortung und Rücksichtnahme können sich über längere Zeiten der Reifungsentwicklung kaum anders als durch Zurückhaltung äußern. Mag der junge Mann sehr rasch von einem präzisen Drängen nach sexueller Betätigung erfüllt sein, so ist das junge Mädchen aufgrund der komplizierteren Bedingungen seiner physischen und psychischen Reifung und aufgrund einer biologisch und erzieherisch beding-

ten Sorge vor möglichen Folgen zurückhaltender und meistens abwartender. Daraus ergibt sich von selbst eine Form der Partnerschaft, die man früher mit dem Worte Ritterlichkeit bezeichnete und die auch heute noch durch behutsame Einfühlung gekennzeichnet sein sollte.

Mit Draufgängertum oder gar Erpressung: „Wenn du mich liebst, hast du nichts dagegen ..." wird eine solche Partnerschaft häufig zerstört, ehe sie wachsen konnte. Die Erfahrung spricht dafür, daß das freizügige Erlauben sexueller Kontakte statt der erwünschten umfassenden Partnerschaft viel häufiger einem einseitigen Triebegoismus dient. Gemeinsame Interessen und Gespräche über verbindende oder auch trennende Themen festigen einen Kontakt dauerhafter als der kurze sinnliche Rausch. Das Bemühen um Übereinstimmung oder doch wenigstens gegenseitige Abstimmung in politischen und religiösen, gesellschaftlichen und erzieherischen, künstlerischen oder praktischen Problemen beeinflußt das Gelingen einer Partnerschaft viel nachhaltiger als der Sexualkontakt.

Eine „Partnererprobung" ist im Grunde unmöglich und unmenschlich. Denn man kann einen Partner nicht behandeln wie einen Testwagen, in dem man einmal vorübergehend Platz nimmt, um seine Kurvenfestigkeit zu prüfen und zu sehen, wie er beschleunigt und welche Höchstgeschwindigkeit er erreicht, um ihn dann womöglich, wenn der Test negativ ausfällt, unter Preis wieder abzustoßen, so daß er schließlich von Hand zu Hand geht.

Das ist kraß gesagt, kommt aber im Leben nicht selten vor. Die Ursachen dafür sind vielfältig: die – heute allerdings nicht mehr so ausgeprägte – Abwertung eines Mädchens mit frühen Erfahrungen, die Probierhaltung des Mannes gegenüber dem weiblichen Sexualobjekt und der Mangel an Gleich-

berechtigung und Reife zwischen den Partnern. Wenn überhaupt, dann könnte die Erprobung nur gegenseitig sein. Aber das Risiko ist groß, daß in einer solchen Probezeit der eine sich an den anderen bindet, während der andere – weil er sich doch nicht ernsthaft engagiert hat – die Lust und das Interesse verliert. Sexuelle Beziehungen allein können weder die Ehetauglichkeit noch die gegenseitige Entsprechung beweisen oder widerlegen. Echte Partnerschaft setzt eine sehr viel breitere Grundlage von Übereinstimmungen in vielen Bereichen voraus.

Dem Gedanken der Erprobung liegt aber ein weiterer Irrtum zugrunde, der ebenfalls mit dem Jugendlichen beizeiten durchdiskutiert werden sollte: daß man mit einer einmaligen oder auch wiederholten „Testveranstaltung" wirklich erfahren könnte, ob man in den seelischen und körperlichen Reaktionen zueinander paßt und das Gefühl sexueller Harmonie, den gemeinsamen Orgasmus und das damit verbundene höchste Glückserleben erreicht. Wir wissen, daß diese Übereinstimmung bei den meisten Paaren erst im Laufe von Monaten oder gar Jahren erreicht wird, also eines langen Lernens und geduldigen Bemühens bedarf. Vor der Ehe sind immer unechte Experimentierbedingungen für die Ehe gegeben. Vielleicht ist die Ehe so etwas wie die Geburt oder der Tod, die man entweder ganz oder gar nicht haben kann. Man kann auch nicht auf Probe geboren werden oder auf Probe sterben.

Sicher lassen sich einige Komplikationen in der Ehe vermeiden, wenn man über eine vielfältige voreheliche Erfahrung verfügt. Man benimmt sich nicht mehr so dumm und ungeschickt, aber zugleich ist auch die Taufrische der ersten Begegnung dahin, der Schmelz aller noch unenttäuschten Hoffnungen und ungeknickten Sehnsüchte, die den Aufschwung einer großen Liebe beflügeln. Kann es nicht auch reizvoll sein – diese Frage sollten Eltern im Gespräch mit ihrem Kind aufwerfen –, miteinander zu lernen, das ganze ABC der Liebe vom ersten Buchstaben an miteinander durchzubuchstabieren? Braucht ein gesundes Paar hier wirklich Schrittmacher, noch dazu vielleicht solche, die zwanzig oder dreißig Jahre älter sind?

Viele junge Leute wehren sich aus der Unmittelbarkeit ihres Gefühls gegen diese Vorstellung, und Eltern sollten sie ruhig darin bestärken. Wer liebt, es mit dem anderen ehrlich meint und sich dann um das nötige Wissen gemeinsam bemüht, wird auch die Erfahrungen der Liebe Schritt für Schritt gewinnen, ohne sie vorher schon auf Flaschen gezogen zu haben.

Sicher kann man dies nicht für alle Fälle verallgemeinern. Es gibt Ehen, deren Partnern man eine genauere gegenseitige Kenntnis gewünscht hätte, ehe sie einen so schwerwiegenden Schritt tun. Ob dazu allerdings sexuelle Erfahrungen allein ausgereicht hätten, ist fraglich. Immerhin haben Forschungen ergeben, daß Partner, die vor der Ehe häufiger wechselnde Erfahrungen mit anderen Partnern hatten, dieses auch in der Ehe versuchen und praktizieren. Voreheliche Erfahrungen kommen also keineswegs automatisch der späteren Ehe zugute. Doch auch allzu große Naivität und Unerfahrenheit können einer Partnerschaft schaden: Es entsteht irgendwann das Bedürfnis, Versäumtes nachzuholen. Darum dürfte die Entwicklung am besten sein, in der Jungen und Mädchen zwanglos, aber zurückhaltend miteinander umgehen, in der sich Gruppen- und Paarfreundschaften bilden und wieder auflösen können und aus denen sich schließlich nach dem Prinzip von Erfolg und Irrtum bleibende Bindungen vertiefen.

Buchveröffentlichungen von Ulrich Beer

Geheime Miterzieher der Jugend, 1. Aufl. Düsseldorf 1960, 8. Aufl. Tübingen 1974 (Katzmann)

Umgang mit Massenmedien, 1. Aufl. Düsseldorf 1963, 4. Aufl. Tübingen 1980 (Katzmann)

Methoden der geistigen Arbeit, 1. Aufl. Düsseldorf 1965, 7. Aufl. Tübingen 1978 (Katzmann)

Fruchtbarkeitsregelung als Konsequenz verantwortlicher Elternschaft, 1. Aufl. Tübingen 1966 (Katzmann)

Ich und Du – Der Mensch in Ausdruck, Kontakt und Konflikt, 1. Aufl. Stuttgart 1967 (J. F. Steinkopf)

Konsumerziehung gegen Konsumzwang, 1. Aufl. Tübingen 1967, 3. Aufl. Tübingen 1974 (Katzmann)

Recht auf Liebe – Zehn Plädoyers für das Glück, 1. Aufl. Tübingen 1968 (Katzmann)

Jugend zwischen Sexualität und Sozialität, 1. Aufl. Stuttgart 1968, 2. Aufl. Stuttgart 1968 (J. F. Steinkopf)

Liebe oder Sozialismus? 1. Aufl. Stuttgart 1969 (J. F. Steinkopf)

Staat machen – aber womit? – Psychologie und Praxis der Demokratie, 1. Aufl. Tübingen 1970 (Katzmann)

Ehekriegspiele – Ein Eheberater berichtet, 1. Aufl. Tübingen 1971 (Katzmann)

Eltern, Kinder & Co. – Ein Ratgeber für Ehe und Familie, 1. Aufl. Tübingen 1971, 2. Aufl. Tübingen 1972 (Katzmann) Mitautor: Elisabeth Beer

Entfaltung der Kreativität, 1. Aufl. Tübingen 1972, 3. Aufl. Tübingen 1974 (Katzmann) Mitautor: Willi Erl

Ferien mit Gruppen – Ein Handbuch für Jugendreiseleiter, 1. Aufl. Tübingen 1973, 2. Aufl. Tübingen 1975 (Katzmann) Mitautor: Gerhard Haag

Mit Lust und Liebe – Praktikum der sexuellen Partnerschaft, 1. Aufl. Tübingen 1973, 2. Aufl. Tübingen 1974 (Katzmann)
Überwindung von Vorurteilen, 1. Aufl. Tübingen 1974 (Katzmann) Mitautor: Werner Klose
Kult mit jungen Götzen, 1. Aufl. Kassel 1975 (Weißes Kreuz)
Erziehen mit Autorität, 1. Aufl. Tübingen 1975 (Katzmann)
So wird die Ehe gut, 1. Aufl. Tübingen 1976, 2. Aufl. Tübingen 1977 (Katzmann)
Das Alter erlernen, 1. Aufl. Braunschweig 1977 (Westermann)
Beers Elternbuch, 1. Aufl. Berlin 1977 (Ullstein)
Beers Ehebuch, 1. Aufl. Berlin 1978 (Ullstein)
Ehe – Konsens, Konflikt, Konkurs – Leben mit dem neuen Ehe- und Familienrecht, 1. Aufl. München 1978 (Ehrenwirth). Mitautor: Christian Graf von Hardenberg
„Antworten". Der Psychologe aus „Ehen vor Gericht" gibt Rat in Lebensfragen, 1. Aufl. Tübingen 1978 (Katzmann)
Mut zum Glück – Richtig entscheiden lernen, 1. Aufl. Düsseldorf 1978 (Econ)
Von Prinzen und Nesthäkchen – Über Nachkömmlinge, die ersten und die in der Mitte, 1. Aufl. Freiburg i. Br. 1978 (Herder)
Typisch Vater – Was Väter von sich wissen sollten, 1. Aufl. Freiburg i. Br. 1978, 2. Aufl. Freiburg i. Br. 1979 (Herder)
Versehrt – verfolgt – versöhnt: Horst Berkowitz – ein jüdisches Anwaltsleben, 1. Aufl. Essen 1979 (Juristischer Fachbuchverlag)
Demokratie von A(utorität) bis Z(ivilcourage), 1. Aufl. Düsseldorf 1979 (Rau)

Weitere Bücher von Ulrich Beer in der Reihe »Elternziele«

Typisch Vater!
Was Väter von sich wissen sollten.
61 Seiten, Bestell-Nr. 18061

Vatersein besteht aus mehr als materieller Sorge und Verantwortung für die Familie. Ulrich Beer sagt in diesem Buch sehr Wesentliches über eine geglückte Vater-Mutter-Kind-Beziehung aus. Was geschieht, wenn Väter sich auf die Rolle des Verstandesmenschen zurückziehen? Welche Konsequenzen hat es, wenn die Mutter nur noch Mutter ist? Auch sie hat großen Anteil an der Entstehung eines ausgewogenen Verhältnisses. Darum ist dieses Buch für Väter wie für Mütter fast Pflichtlektüre. Eine Darstellung verschiedener Erziehungsstile mit ihren Vor- und Nachteilen sowie ein Kapitel über „Erziehung ohne Vater" vervollständigen das Buch.

Von Prinzen und Nesthäkchen
Über Nachkömmlinge, die ersten und die in der Mitte.
63 Seiten, Bestell-Nr. 18062

Der Autor beschreibt hier, was es bedeutet, beispielsweise als ältester von Brüdern, als jüngste von Schwestern – oder auch umgekehrt – geboren zu sein. Denn diese zufälligen Daten haben Einfluß auf die Entwicklung nicht nur in der Kindheit, sondern auch auf alle sozialen Beziehungen, die später eingegangen werden. Für Eltern ist es sehr wichtig, sich über die Auswirkungen der Geschwisterkonstellation im klaren zu sein, die noch längst nicht genügend bekannt sind. Dieses Wissen hilft ihnen, ihre Kinder besser zu verstehen und einem jeden in seiner ganz persönlichen Eigenart gerecht zu werden.

Durch jede Buchhandlung erhältlich.

Verlag Herder Freiburg · Basel · Wien